INVENTAIRE

V 22698
33

I0026463

PUBLICATIONS DE LA RÉUNION DES OFFICIERS

MÉLANGES MILITAIRES
XLIII. XLIV.

IDÉES

SUR

L'ATTAQUE DES PLACES

CONFÉRENCE FAITE A BERLIN

PAR

LE GÉNÉRAL-MAJOR

PRINCE DE HOHENLOHE-INGELFINGEN

d'après l'allemand

PAR

A. KLIPFFEL

CAPITAINE AU 1er RÉGIMENT DU GÉNIE

50 centimes

PARIS

CH. TANERA, ÉDITEUR

LIBRAIRIE POUR L'ART MILITAIRE ET LES SCIENCES

Rue de Savoie, 6

1872

V
2561
43-44
33

IDÉES

SUR

L'ATTAQUE DES PLACES

22698

55

PUBLICATIONS DE LA RÉUNION DES OFFICIERS

681 — Paris, Imp. H. Carion, rue Bonaparte, 64.

IDÉES

SUR

L'ATTAQUE DES PLACES

CONFÉRENCE FAITE A BERLIN

PAR

LE GÉNÉRAL-MAJOR

PRINCE DE HOHENLOHE-INGELFINGEN

d'après l'allemand

PAR

A. KLIPFFEL

CAPITAINE AU 1er RÉGIMENT DU GÉNIE

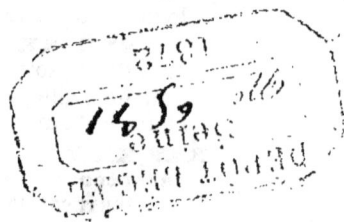

BIBLIOTHÈQUE NATIONALE R. F. IMPRIMÉS

DÉPOT LÉGAL Seine 1872

PARIS

CH. TANERA, ÉDITEUR

LIBRAIRIE POUR L'ART MILITAIRE ET LES SCIENCES

Rue de Savoie, 6

—

1872

IDÉES

sur

L'ATTAQUE DES PLACES

L'auteur part de ce principe que les siéges ne pourront plus à l'avenir être conduits comme autrefois. Il ne prétend pas grouper en une théorie complète les considérations que lui suggèrent les enseignements encore incomplétement connus de la dernière guerre ; mais il se propose simplement d'émettre quelques idées sur les siéges en prenant pour base les moyens actuels de l'attaque.

INVESTISSEMENT

Pour pouvoir entreprendre le siége d'une place, il faut avoir été vainqueur en rase campagne, et pour arriver à s'en emparer, l'assiégeant doit être supérieur à la défense, soit numériquement, soit moralement. En attendant l'arrivée du parc de siége, il faut investir la place.

Si le défenseur possède des éléments d'offensive, il essaye d'occuper le terrain aussi loin que possible des ouvrages de la place, afin que l'armement des ouvrages puisse être achevé et perfectionné à l'abri des feux de l'ennemi, et il se fortifie sur tous les points du terrain qui s'y prêtent. L'attaque, de son côté, cherche à le refouler dans l'intérieur des ouvrages. De là une série d'engagements, du domaine de la guerre de campagne, qui se terminent par l'investissement

de la place : à ce moment l'assiégeant occupe les positions
que lui offre le terrain, se couvre, avec ses pièces de campagne,
par des travaux de fortification passagère, et coupe la défense
de toute communication avec l'extérieur.

A quelle distance faut-il choisir ces positions ? Le terrain
d'une part, d'autre part la dose d'énergie de la défense four-
niront la réponse. Sans doute l'attaque, grâce à sa supériorité
numérique, pourra toujours rejeter la défense dans la ligne
de ses ouvrages, et même pendant le combat d'investissement
accepter, avec sa nombreuse artillerie de campagne, la lutte
contre l'artillerie de la place. Mais les positions ainsi conquises seraient intenables sous le feu rapproché de la place ; les
troupes, continuellement sur le qui-vive, seraient exténuées,
et l'artillerie de campagne aurait vite épuisé ses munitions.
Or, généralement il s'écoulera plusieurs jours et même des
semaines avant qu'on puisse tirer le premier coup de canon
de siége. Il faut donc choisir ses positions plus en arrière, en
ne laissant que des avant-postes dont les soutiens seront
également plus ou moins retirés suivant le terrain. A ce moment, si la défense est énergique, elle engagera une nouvelle
série d'actions, et en dernière analyse il faudra lui céder le
terrain jusqu'à une distance telle que les réserves nécessaires
pour soutenir les avant-postes de l'attaque ne soient pas en
prise à un feu trop efficace de l'artillerie de la place.

Les avant-postes de l'assiégé seront donc à mille ou deux
mille pas en avant des ouvrages, et l'assiégeant se tiendra
entre deux mille cinq cents et quatre mille pas, avec ses
avant-postes à trois mille pas environ de la place.

CHOIX DU FRONT D'ATTAQUE

Pendant le combat d'investissement, on fait la reconnais-
sance de la place pour fixer le choix du front d'attaque. Les

moyens employés aujourd'hui dans la guerre de siéges sont si considérables qu'il est très-important d'être maître d'un chemin de fer conduisant de la mère patrie jusque dans le parc de siége, tant à cause du poids des pièces qu'à cause du poids de la consommation journalière de munitions (devant Paris cette consommation journalière s'est élevée à 3,000 quintaux ; devant Strasbourg elle a dépassé ce chiffre). Cette considération, négligeable quand le périmètre de la place est faible, devient d'autant plus importante que la place est plus grande. Et l'on peut affirmer qu'une grande place bien fortifiée, bien défendue, et disposant dans ses murs de toutes les ressources de l'industrie moderne, ne pourra être prise par un siége régulier que si l'assiégeant est maître d'un chemin de fer, car alors seulement il pourra amener des moyens d'attaque plus puissants que ceux de la défense.

Un autre élément nouveau, influant sur le choix du point d'attaque, est la puissance plus grande de l'artillerie comme portée et comme effets destructeurs. Tel front réputé jadis inattaquable est aujourd'hui très-faible et entièrement dominé. La construction des places existantes n'est nullement en rapport avec les effets actuels de l'artillerie. La défense cherche à y remédier, en temps de guerre, par des ouvrages de fortification passagère, en temps de paix, par des améliorations, mais qui ne seront jamais que des replâtrages. En outre, la zone dangereuse s'est tellement étendue avec la portée du tir qu'il est impossible de la conserver dégagée de tout couvert artificiel. L'existence de pareils couverts, que l'on a pu occuper pendant l'investissement, influera beaucoup sur le choix du front d'attaque. La valeur défensive de bien des fronts se trouve amoindrie par eux, et les places n'ayant autrefois qu'un seul front d'attaque, en ont plusieurs aujourd'hui ; on sera ainsi plus libre de choisir un front devant lequel on dispose d'un chemin de fer.

SERVICE INTÉRIEUR DES TROUPES DE SIÉGE

Les règlements et livres classiques allemands sont pour ainsi dire muets sur le service intérieur des troupes de siége ; aussi ce service n'a-t-il jamais été réglé uniformément. C'est l'affaire du général commandant le siége. Mais il faut que l'artillerie et le génie soient libres de faire certaines propositions, de demander des auxiliaires d'infanterie et de répartir et d'administrer leurs troupes spéciales. Si le commandant en chef prétend absorber tous ces détails, il en résultera une grande dépense de temps et de travail, et il se perdra mainte belle occasion parce que l'exécution des ordres aura subi fatalement des retards.

Si, par exemple, chaque demande d'auxiliaires doit suivre la voie hiérarchique jusqu'au commandant en chef, elle devra souvent être faite quarante-huit heures à l'avance pour produire son effet en temps utile. Or, si pendant cet intervalle l'ennemi prête le flanc ou bien s'il a tellement souffert par notre feu qu'il devienne possible de pousser vivement les travaux sur certains points, on n'aura pas pour la nuit suivante les travailleurs nécessaires, et la deuxième nuit il sera peut-être trop tard, parce que l'ennemi aura pris ses mesures. De même, si l'attaque a été tellement tourmentée en un point donné par le feu de l'ennemi que des travaux de protection plus considérables y deviennent urgents, ces travaux ne pourront pas être faits la nuit suivante, et des batteries de l'attaque pourront ainsi se trouver complétement détruites. D'ailleurs quand les troupes d'artillerie et du génie dépendent directement du commandement, il s'élève toujours des conflits avec les troupes de campagne.

Pendant la dernière guerre on a souvent endivisionné les

troupes de siége de l'artillerie et du génie. L'auteur désire que cette excellente mesure devienne une règle, chaque fois que le corps de siége sera supérieur à une division. Une division à laquelle auront été adjointes deux compagnies d'artillerie, par exemple, fournira alors tous les auxiliaires nécessaires à ces deux compagnies, et d'après cette base que chaque homme ait au moins un jour de repos sur trois (un jour aux avant-postes, un jour au travail, un jour de repos). Si les besoins de l'artillerie et du génie dépassent les effectifs que la division peut fournir, celle-ci s'adresse à son corps, etc., pour un supplément d'auxiliaires à tirer d'autres divisions. Il résulte de cette organisation une liaison plus étroite entre les troupes spéciales de siége et les troupes de campagne, et celles-ci s'intéressent davantage aux progrès des travaux d'attaque.

L'auteur remarque en passant que les gros et les soutiens des avant-postes peuvent parfaitement être employés aux travaux qui se font dans le rayon de leurs emplacements.

L'endivisionnement des troupes spéciales permet aussi de faire coopérer avantageusement l'artillerie de campagne aux travaux de siége ; les divisions qui ont des batteries de campagne disponibles les emploient aux travaux de l'artillerie de siége. Souvent une batterie de campagne, avec des auxiliaires d'infanterie, a construit ainsi une batterie de siége et donné ses chevaux pour l'armer ; il ne restait plus à l'artillerie de siége qu'à faire l'armement et le service des pièces. On arrive ainsi, par compagnie d'artillerie de forteresse, à entretenir le feu de 7 à 8 pièces, au lieu de 4.

Naturellement ces règles de la distribution du service varieront avec l'étendue des cantonnements, les saisons, l'installation des troupes dans des bivacs et des camps ou dans des baraques. Mais un siége ne peut être vigoureusement conduit que si l'organisation du service et du mécanisme des ordres permet l'exécution rapide de tout ce qui est projeté.

Enfin la plus complète harmonie doit régner entre les ordres de l'artillerie et du génie. Pour cela les officiers de ces deux armes spéciales doivent s'entendre chaque jour sur les propositions à faire au général commandant le siége ; il est donc important de séparer le moins possible, comme locaux et comme distance leurs quartiers respectifs et leurs bureaux.

FIXATION DU PLAN D'ATTAQUE

La portée actuelle de l'artillerie, qui tient l'assiégeant à grande distance de la place, empêche d'arrêter le plan d'attaque dans tous ses détails, comme du temps de Vauban. Il faut fixer seulement l'endroit approximatif où l'on compte pénétrer dans la place, afin d'en déduire le développement à donner aux attaques, et de pouvoir choisir les emplacements du parc de siége, des dépôts intermédiaires, etc.

A cause de la puissance de l'artillerie, l'ouverture du siége ne sera plus marquée, comme jadis, par l'ouverture de la première parallèle. Le plan d'attaque ne comprendra donc provisoirement que les mesures à prendre pour arriver à l'ouverture de cette première parallèle.

PRÉPARATIFS DU SIÉGE

Avant l'arrivée de l'artillerie de siége, les troupes d'investissement ont à confectionner le matériel nécessaire en fascinages et en bois, et à organiser le parc de siége et les dépôts intermédiaires.

Pour la confection du matériel (fascinages et bois), l'ancienne méthode, consistant à commander chaque jour les travailleurs pour un endroit désigné où le travail s'exécutait sous une direction centrale, présente beaucoup d'inconvénients. La marche, souvent assez longue à faire pour se rendre au travail, absorbe du temps et des forces ; en outre, en prévision des grandes sorties, on ne peut prendre que dans les réserves les hommes que le travail enlève ainsi à leurs cantonnements et à leurs positions ; et la quantité totale de travail que l'on pourrait produire se trouve donc réduite. Enfin les mouvements incessants de troupes du côté de l'emplacement du travail trahissent aisément à l'ennemi la position du parc de siége.

Il vaut mieux fixer simplement chaque jour le chiffre de fascines, gabions, etc., livrables au dépôt du génie. Avec l'organisation du service proposé plus haut, cette méthode s'applique facilement. Les troupes, libres de la conduite de leur travail, installent naturellement leurs chantiers de confections dans les cantonnements des batteries et des compagnies de pionniers de campagne, et ceux-ci exécutent le travail avec leurs auxiliaires d'infanterie. De cette façon tout le monde reste prêt à combattre. Les attelages des batteries transportent au dépôt le matériel confectionné.

Le troisième jour qui suit l'ordre donné, les fascinages commencent à arriver : premier jour, installation de l'outillage (chevalets, cabestans, etc.); deuxième jour, travail ; troisième jour, livraison.

Si le personnel de l'artillerie et du génie de siége n'est pas encore rendu sur place, l'artillerie et les pionniers de campagne fournissent des directions de parc provisoires. Les quantités livrables par jour sont calculées de façon que, jusqu'à la dernière nuit de la construction des batteries avant l'ouverture du feu, on ait terminé tout le matériel nécessaire pour les batteries de première position (1) et les

_____

(1) Dans l'enseignement officiel en France, on emploie la dénomination de *batteries de première période.*

communications (en ajoutant 25 % pour les réparations).

Le dépôt des fascinages doit être convenablement choisi, car s'il fallait déplacer ultérieurement le matériel une fois accumulé, ce serait un gros travail qui tomberait précisément dans la période où tous les attelages sont indispensables pour d'autres travaux, et qui retarderait la marche du siége.

Le parc de siége doit être entièrement à l'abri des feux de la place, c'est-à-dire à près d'un mille allemand des ouvrages les plus avancés.

Les dépôts de fascinages sont les plus rapprochés de l'ennemi, puis vient le parc des bouches à feu, plus loin le parc des projectiles, enfin les salles d'artifices et les magasins à poudre. Les parcs des bouches à feu et des projectiles sont les plus voisins du chemin de fer, afin d'éviter tout transport inutile. Il faut aussi la proximité de quelque gros village offrant des hangars pour les ateliers de réparations, des abris pour les hommes et pour les nombreux attelages qui sont exclusivement à la disposition du parc pour le relier au terrain des attaques. On suppléera par des baraques à l'absence d'un pareil village.

Le temps qui s'écoule jusqu'à l'arrivée de l'artillerie de siége doit être utilisé par l'artillerie de campagne pour construire, avec des auxiliaires d'infanterie, toutes les batteries masquées cadrant avec l'ensemble du plan d'attaque : ce sont les batteries que l'on peut construire à l'abri des vues de l'ennemi, à la faveur de plis de terrain, murs, jardins, haies, bois, etc., etc.

CONSTRUCTION DES BATTERIES

Dans les vingt siéges de la dernière campagne, il s'est bien fait un demi-millier de batteries.

Chaque fois qu'on s'est conformé aux anciennes prescriptions, il a fallu modifier après coup la construction. Ces

prescriptions, autrefois rationnelles, sont surannées aujour-
d'hui en présence des effets actuels de l'artillerie. Les Fran-
çais ont amèrement expié leur entêtement à cet égard, et ont
toujours eu leurs pièces rapidement démontées.

1. *Batteries ordinaires.* — Ce mode de construction doit
être employé pour toutes les batteries masquées. Comme ce
sont les premières batteries, et par suite celles qui auront à
supporter le feu le plus vif, il faut leur donner les dimen-
sions les plus fortes; d'ailleurs les terres employées sont
mauvaises, puisque ces batteries sont dans des jardins, dans
des bois, auprès de constructions, etc.

Donner au parapet une épaisseur minima de vingt-quatre
pieds, placer de deux en deux pièces une traverse avec passage et fort recouvrement en terre, séparer toutes les pièces
par des pare-éclats; pas d'embrasures, mais simplement sur
la plongée une espèce d'auge plate pratiquée avec un râteau
en bois, enfin à proximité de la batterie, pour tout le personnel, des abris pouvant être chauffés en hiver. Les masses couvrantes doivent être aussi fortes que possible. Le recouvrement des traverses doit être épais pour ne pas être traversé
par les projectiles arrivant sous de grands angles, mais il ne
faut pas qu'il émerge au-dessus du parapet en servant de
point de mire à l'ennemi; il en résulte qu'il faut tenir le sol
des passages sous traverses en contre-bas du terre-plein de la
batterie, tout en ménageant convenablement l'écoulement des
eaux. On a quelquefois établi un ciel en bois prenant appui,
d'un côté sur un pare-éclats, de l'autre sur le parapet : c'est
là un système funeste, parce que les éclats de bois augmen-
tent les pertes, que des poutres et des planches ne constituent aucune protection, et qu'un obus produit un effet
désastreux dans un pareil abri, où se trouveront généralement beaucoup d'hommes. Quant la batterie est achevée, il
est bon, chaque fois que le terrain le permet, d'approfondir

le terre-plein en ne laissant que les plate-formes : Les hommes seront mieux couverts. En général, s'enfoncer autant que possible. Quelquefois on s'est dispensé de faire des auges-embrasures, se contentant de tenir la plongée en contre-pente suivant l'angle du tir ; ceci n'est possible que dans un terrain assez léger pour que les eaux de pluie de la plongée ne viennent pas à inonder le terre-plein.

Il est bon d'avoir deux magasins à poudre par batterie, pour que l'explosion d'un magasin n'entraîne pas une interruption du feu.

2. *Batteries de siége à la manière des batteries de campagne.* — Elles consistent en une simple tranchée revêtue ; les pièces, montées sur affûts de siége, ont leur ligne de tir élevée au-dessus du parapet. Une batterie de ce genre peut être facilement établie en une nuit ; mais elle couvre peu les hommes et les pièces, et les nuits suivantes il faut la perfectionner en approfondissant le terre-plein et en y créant des traverses, des pare-éclats, des abris.

Contre la fusillade et les obus à balles on a quelquefois surélevé le parapet entre les pièces au moyen de un, deux ou trois cours de fascines ; mais on dessine ainsi de petites embrasures facilitant à l'ennemi son pointage.

On emploie ces batteries lorsqu'on veut ouvrir rapidement le feu, donner aux pièces un grand champ de tir, et lorsqu'on n'a pas d'emplacements spéciaux contre les sorties. Mais il faut alors que leur feu soit si enveloppant et si écrasant pour l'ennemi que ces batteries, peu couvrantes, le fassent taire dès le premier jour et trouvent ainsi leur protection dans leur effet même.

3. *Batteries rapides.* — Peu avant la guerre, l'inspection royale de l'artillerie a donné une instruction relative à ces batteries. L'inconvénient qu'elles présentent, de restreindre le premier jour le champ de tir, disparaît le deuxième ou le

troisième jour, quand on a enlevé les prismes de terre en ex-cédant. Elles donnent immédiatement une protection effi-cace. On a objecté qu'elles laissaient un excédant de déblai dont on ne savait que faire; mais à la guerre on n'a jamais trop de terres.

On emploie ce mode de construction pour toutes les bat-teries de première position à établir en des points découverts, et l'on fait l'armement dans la même nuit où l'on dé-masque les batteries du premier genre. On peut compter généralement que la construction et l'armement n'exigent qu'une seule nuit, parce que sur ces hauteurs découvertes on est en bon terrain. Sinon il faut, aussitôt après l'investisse-ment, diriger sur ces points une tranchée à l'abri de laquelle, pendant les moments de répit que laissera le feu de l'enne-mi, on prépare et l'on entame la construction de façon que l'achèvement et l'armement ne demandent plus qu'une seule nuit.

4. *Places d'armes contre les sorties.* — On y met des pièces de siége de six livres, de préférence aux pièces de campagne, dont la ligne de tir n'a que trois pieds d'élévation. Plus tard, quand on est plus près de la place, la fusillade suffit seule contre les sorties. On emploiera avec avantage des mitrail-leuses pour enfiler les débouchés que l'ennemi est obligé de suivre.

Observations générales. — Rechercher avant tout les cou-verts (haies, broussailles, plis de terrain, murs, maisons) dont l'existence à quelques centaines de pas en avant des batteries rend très-difficile à l'ennemi l'observation des ef-fets de son tir.

Mettre à profit le moindre répit laissé par le feu de l'en-nemi, pour perfectionner et réparer les batteries.

Installer des postes d'observation bien couverts, et lutter contre la tendance qu'ont les officiers à se découvrir.

S'enfoncer autant que possible pour être protégé par la terre vierge.

La beauté des formes, les talus bien dressés, les angles bien avivés, et les arêtes bien tirées au cordeau sont inutiles et même nuisibles, parce qu'ils facilitent à l'ennemi le pointage et l'observation des coups. Une batterie que l'on démasque ne doit lui apparaître que comme un amas de terre sur lequel il ne sera fixé que lorsqu'il en verra sortir à son adresse des projectiles bien dirigés.

LE TRAIN ET LES COMPAGNIES DE SIÉGE

L'effectif du train et des troupes d'artillerie de siége ne peut être fixé exactement qu'avec le plan d'attaque lui-même : car il correspond au nombre maximum de pièces à servir à la fois, en ajoutant 10 à 20 % pour les pièces démontées et les affûts en réparation. Mais comme il faut hâter la mise en mouvement de l'équipage de siége, on estime simplement, d'après l'importance de la place, le nombre de trains ou de demi-trains (sections) de siége à expédier d'abord, sauf à compléter plus tard par des renforts.

Quant aux calibres, le 9^{cm} (6 livres) convient pour les places d'armes contre les sorties et les logements sur les ouvrages conquis; le 12^{cm} (12 livres) pour la lutte rapprochée et partout où ce calibre est suffisant, parce que ses munitions sont moins lourdes à transporter que celles des calibres supérieurs; les canons de 15^{cm} (24 livres), à savoir le 15^{cm} long pour la première lutte, qui est décisive, et pour les grands effets de percussion et de destruction, le 15^{cm} court pour le tir plongeant dans la première lutte, et, dans les positions plus rapprochées, pour démolir et faire brèche; le mortier rayé de 21^{cm} pour le tir en bombes aux grandes distances, et les mortiers lisses seulement dans le cas où les canons courts de 15cm et les mortiers de 21cm sont en nombre insuffisants. En excluant les mortiers lisses, les proportions seraient :

Mortiers de 21cm 10 %
Canons de 9cm 10 %
id. de 12cm 30 %
id. de 15cm 50 % (moitié courts, moitié longs);

en outre quelques mitrailleuses françaises.

Avec ces calibres, il faut, en moyenne, une compagnie de siége par 7 pièces 1/2. On désigne une compagnie (200 hommes) pour le service permanent d'une batterie de 6 pièces de 15cm, ou de 8 pièces de 12cm, ou de 4 pièces de 21cm, ou de 2 batteries de 6 pièces de 9cm.

FIXATION DE L'OUVERTURE DU FEU

Quand toutes les batteries de première position sont achevées, on fixe le moment de l'ouverture du feu, en ayant égard aux considérations suivantes :

1. Toutes les batteries de première position doivent ouvrir le feu simultanément, afin d'éviter un échec partiel et un gaspillage inutile de munitions.

2. Une interruption dans le feu équivaut à un véritable échec, parce que l'ennemi en profite pour réparer ses dégâts. C'est une erreur de croire qu'un siége n'est commencé que lorsque le canon tonne. Il ne faut donc ouvrir le feu que lorsqu'on est bien sûr de ne pas être obligé de l'interrompre faute de munitions.

Dans la pratique, l'approvisionnement nécessaire a varié entre 300 et 500 coups par pièce.

3. Mais il n'y a pas de chiffres absolus à cet égard. Il faut pouvoir compter sur des arrivages pour ainsi dire indéfinis

2

de munitions; car, eût-on tiré jusqu'à 800 ou 1,000 coups par pièce, si la place n'est pas tombée, il faut pouvoir continuer le feu, sinon l'attaque est entièrement manquée.

Il est arrivé que des places ont capitulé juste au moment où les munitions touchaient à leur fin, et sans qu'on eût la perspective de nouveaux arrivages. Mais c'est là un coup de fortune.

Il est cependant des cas où l'assiégeant doit courir une pareille chance. Mais qu'il sache bien que la non-réussite tournera tout entière au profit de l'ennemi. Pesez donc bien vos chances avant de rien risquer.

LA NUIT DE L'ARMEMENT

La nuit qui précède l'ouverture du feu, on arme les batteries, en terminant celles restées inachevées et en établissant celles qui sont tout entières à construire. Certaines batteries bien masquées, ainsi que les chemins qui y conduisent, peuvent être armées en plein jour : en ce cas il faut commencer par le transport des projectiles et n'amener les pièces que le dernier jour ou la dernière nuit.

Pour cette opération de nuit, chaque commandant de batterie doit avoir soigneusement reconnu à l'avance l'itinéraire de sa colonne. Il est vrai que l'on dispose aujourd'hui de plus de chemins distincts et que l'on court moins le risque de s'entasser en aboutissant au même endroit ou d'être aperçu de l'ennemi, parce qu'on s'étend sur un espace plus considérable, à cause de la grande portée du tir de l'asségié. Si le vent est favorable, on peut compter avec certitude que les avant-postes ennemis à 1,000 ou 1,500 pas n'entendront absolument rien. En admettant qu'ils entendent quelque chose et se rendent un compte exact de la nature du bruit, l'assiégé n'aurait plus le temps d'organiser une grande sor-

tie. Il ne peut donc contrarier le travail que par un feu d'artillerie dirigé au hasard dans l'obscurité : un pareil feu, à la
distance de 2,500 à 4,000 pas, ne pourra troubler ni la construction ni l'armement des batteries.

La nuit se termine par l'ouverture du feu. Il faut absolument commencer à tirer aux premières lueurs du jour, et
quand même certaines pièces ne seraient pas prêtes, afin de
garder pour soi le bénéfice de la surprise et de l'initiative.
Pour la lutte subséquente on gagne ainsi le grand avantage
de pouvoir observer à son aise les premiers coups et recti-
fier le tir. Un ouvrage de fortification battu de deux côtés
et qui aura reçu des coups avant d'être en état de répondre
aura bien de la peine à pouvoir observer les effets de son
propre tir. Que l'on se figure seulement le désordre de l'artillerie de la place, surprise par le feu et s'arrachant à son
sommeil du matin pour courir aux pièces sur un rempart
inondé par une grêle d'obus et de shrapnels. Ici, comme toujours à la guerre, la surprise et l'initiative assurent à moitié
le succès.

LE SERVICE DANS LES BATTERIES

Le service doit être relevé à la faveur de l'obscurité, c'est-
à-dire le soir ou vers le matin. En relevant le matin, on a
l'avantage de bien fixer le tir pendant la journée et de se
trouver orienté la nuit suivante, aussi bien pour le tir que
pour les événements extraordinaires; mais les troupes qui
vont relever ont leur nuit troublée avant d'aller servir les
pièces pendant 24 heures, ce qui devient tellement pénible
en hiver et avec des cantonnements éloignés, que les hommes sont bientôt sur les dents. Il vaut donc mieux relever
le soir. Il est prudent de ne pas faire cette opération pour
toutes les batteries en même temps : l'ennemi remarquerait

bientôt l'heure exacte où le feu cesse le soir, et redoublerait le sien à ce moment critique où il y a deux fois plus d'hommes exposés à ses coups.

La consommation journalière de munitions est fixée par un ordre : 50 à 60 coups par jour et par pièce constituent déjà un feu assez vif, et rarement on a été obligé d'aller au delà.

Toute consommation plus forte doit être justifiée par un ordre reçu ou par des événements extraordinaires. Pour éviter des interruptions dans le feu, il est déposé dans les magasins des batteries un approvisionnement double de la consommation journalière. La troupe qui vient relever apporte la consommation journalière prescrite. Si la consommation a été différente, le commandant de batterie relevé le mentionne pour qu'on en tienne compte la fois suivante.

Un officier par batterie suffit. Un groupe de batteries, composé suivant les lieux et les communications, est surveillé par un officier d'état-major ou un capitaine faisant fonction d'officier d'état-major. En adjoignant un instructeur à l'officier d'état-major *du jour* (ainsi que cela s'est pratiqué à propos des nouveaux mortiers de 21^{cm} et canons courts de 15^{cm}), on peut faire commander des batteries par des sous-officiers ou des individus non-complétement rompus au service des pièces, pourvu qu'on puisse se fier à leur conscience.

JUSQU'A LA PREMIÈRE PARALLÈLE

De l'issue de la lutte d'artillerie du premier jour dépendent les mesures ultérieures à prendre, et les reconnaissances nécessaires se feront sous la protection du feu qui tourmente l'ennemi. Pendant que les batteries de première position prennent une supériorité marquée sur l'artillerie de la place, quelques-unes d'entre elles dirigent leur feu contre les positions extérieures de l'ennemi, et particulièrement sur les emplacements de ses soutiens.

C'est au général en chef à décider s'il faut dès le premier soir rejeter la défense dans ses ouvrages, en opérant sur tout le front ou en des points isolés, ou bien s'il ne faut gagner du terrain que successivement : en ce dernier cas les avant-postes doivent toujours avoir assez d'outils, et surtout des pelles, pour s'établir solidement partout où ils ont remporté un avantage ; la terre, à cette distance de la place, devient la seule protection sérieuse, les murs, jardins, haies, broussailles ne pouvant plus être utilisés que comme communications. Quelle que soit la marche adoptée, une fois la défense rejetée dans ses ouvrages, il ne faut plus lui laisser prendre pied sur le terrain extérieur, puisqu'on est maintenant soutenu par les batteries d'une façon plus efficace que ne l'est la défense par l'artillerie de la place.

C'est dans cette période que la défense peut montrer toute son énergie en démasquant sans cesse des pièces nouvelles et reparaissant en de nouveaux points par des travaux de contre-approche qui obligent l'attaque à établir de nouvelles batteries. Une ceinture de forts détachés se prête beaucoup à cette défense active. C'est pendant des jours, des semaines et des mois que les progrès de l'attaque pourront être ainsi enrayés. Mais cette sorte d'équilibre, sur lequel repose toute la défense, d'après Todleben, finit par être rompu, parce que l'assiégeant, qui peut se ravitailler indéfiniment, arrive à la supériorité définitive.

Cette supériorité se traduit par le silence du feu de l'ennemi.

Pendant ce temps, les avant-postes gagnent du terrain, se terrent en reliant les positions conquises par des communications avec celles en arrière. Il y aura parfois lieu aussi de porter plus en avant certaines batteries ; elles se construiront alors sous la protection d'un feu efficace, et c'est après leur armement seulement que l'on arrêtera le feu de celles qu'elles doivent remplacer.

LA PREMIÈRE PARALLÈLE ET LES TRAVAUX DE SAPE

Les progrès successifs des avant-postes les amènent sur le terrain où l'on doit établir la première parallèle. Mais l'ouverture de cette parallèle n'est plus, comme jadis, une opération capitale pour laquelle on fait un grand déploiement de travailleurs. Entre les positions des avant-postes on intercale des tranchées pour les tirailleurs, que l'on réunit et élargit ensuite : c'est là la première parallèle, et elle s'exécute non plus en une nuit, mais dans une série de nuits pendant lesquelles on renforce les avant-postes.

Des bataillons entiers, des régiments, des brigades, sous la direction d'officiers du génie, coopèrent à ce travail, qui les intéresse parce qu'ils attachent leur nom à la portion qu'ils exécutent, et qu'ils ne constituent plus un amas confus de travailleurs mis à la disposition du génie.

Cette méthode doit s'appliquer à tous les travaux d'approche et les rend plus rapides et moins dangereux : pousser en avant une série de bouts de tranchée ou de trous de tirailleurs, et les relier ensuite sous la protection du feu de l'artillerie et des fusils de rempart, en n'employant les sapes volante ou ordinaire que là où il n'est pas possible de procéder autrement.

La première parallèle est à 1,000 pas environ de la place : il faut que de cette parallèle les fusils à longue portée et les fusils de rempart empêchent les tirailleurs ennemis de se découvrir.

LES BATTERIES DE DEUXIÈME POSITION

Dès que les tranchées de tirailleurs qui doivent constituer
la première parallèle offrent une protection suffisante, on
commence les batteries de deuxième position, parce que celles
de première position sont trop loin et ne peuvent pas tirer
assez juste pour éteindre complétement le feu de la défense.
On les établit plus exactement par rapport aux lignes et au
tracé des ouvrages : ce sont des batteries à ricochet, à tir
plongeant, des contre-batteries, des batteries de brèche et de
démolition. Dans l'état actuel de l'artillerie et de la fortification, le nombre des batteries à ricochet est très-restreint, et
cette dénomination devrait disparaître, parce que chaque
batterie remplit simultanément ou successivement les divers
rôles précités.

Celles des batteries de première position que l'on a repor-
tées en avant forment le premier noyau des batteries de
deuxième position. Pour le ricochet, on emploie surtout le
canon de 12^{cm}, pour le tir plongeant le 15^{cm} court ; les mortiers
rayés de 21^{cm} et les canons de 15^{cm} longs tirent de la première
et de la deuxième position. Quelques-unes des batteries de
15^{cm} court, et il faut y songer en les établissant, devront
plus tard faire des brèches par le tir indirect, et jouer le rôle
de contre-batteries et de batteries de démolition.

On n'emploie de mortiers lisses qu'à défaut d'un nombre
suffisant de mortiers de 21^{cm} et de canons de 15^{cm} courts.

L'emplacement et la distance des batteries de deuxième
position se régleront suivant le terrain : leur distance à la
place sera généralement un peu moins de la moitié de celle
des batteries de première position. Là où ces batteries doivent tirer par-dessus la parallèle, elles doivent être au moins
à 300 mètres en arrière, pour ne pas incommoder l'infanterie

par la projection de goupilles de percuteurs ou de fragments de chemises de plomb. Il faut se rappeler en outre que le tir contre le matériel et le tir en brèche indirect consomment beaucoup de munitions et sont peu efficaces, le premier au delà de 1,200 mètres, le second au delà de 900 mètres. Quelques-unes de ces batteries seront donc dans la première parallèle. Enfin la distance pour le tir en brèche indirect ne doit pas être inférieure à 750 mètres, là où il faut de grands angles de chute, à cause de la forte diminution des charges et par suite du peu d'effet qui en résulte.

Sous la protection du feu des deux lignes d'artillerie et de la fusillade, les travaux d'approche s'avancent jusqu'au couronnement, au moyen de trois ou quatre parallèles.

LA BRÈCHE

A mesure que l'on s'avance sur le glacis et que l'on prend des vues plus rapprochées dans les ouvrages, on peut décider les emplacements des brèches, des descentes et des passages de fossé. On saura aussi si une guerre de mines est nécessaire : à cet égard il n'y a rien de nouveau à dire.

On pourra toujours, à de rares exceptions près, faire la brèche par le tir indirect, en observant les coups depuis le couronnement ou de tout autre point. Aussi à l'avenir n'aura-t-on généralement plus de batteries à établir dans le couronnement du chemin couvert. S'il le fallait absolument, soit pour faire la brèche, soit pour rendre la brèche praticable, il suffira d'amener dans les batteries du couronnement des canons de 9^{cm} (6 livres) en suppléant par le nombre des coups à la faiblesse de l'effet de leurs projectiles.

Quand la brèche est faite, ainsi que la descente et le passage de fossé, il faut se rendre maître de la brèche. Or, en la donnant pour point de mire aux batteries de première et de deuxième position et en la maintenant sous une grêle de projectiles et de shrapnels, de façon à rendre intenables ses abords et ses approches à plus de 100 mètres en arrière, on pourra l'occuper par surprise et s'y établir.

S'il existe des retranchements intérieurs, on aura encore recours aux pièces légères pour armer l'ouvrage conquis.

Si la place a des forts détachés, il faut diriger une nouvelle attaque partant des forts vers l'enceinte principale.

En terminant, l'auteur fait des vœux pour que l'on réussisse à créer un canon court de 21^{cm}, qui augmenterait singulièrement les effets des batteries de première position, et un canon court de 12^{cm} pour remplacer entièrement le canon de 9^{cm}, dont les effets sont trop faibles. Il en résulterait une heureuse simplification de l'équipage de siége, qui ne comprendrait plus que 3 calibres : le 12^{cm}, le 15^{cm} et le 21^{cm}.

Quant aux attaques brusquées d'artillerie, elles sont applicables aux places où l'énergie de la défense est paralysée par des raisons d'ordre moral ou matériel. Dans ce mode d'attaque il faut ranger le bombardement. Mais il ne faut employer ce dernier que lorsqu'on peut, en cas d'insuccès, procéder sans interruption à l'attaque régulière; sans cela la victoire est à l'ennemi.

TABLE

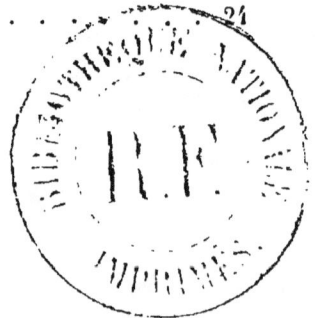

R.F.

CH. TANERA, ÉDITEUR

LIBRAIRIE POUR L'ART MILITAIRE ET LES SCIENCES

RUE DE SAVOIE, 6, A PARIS

EXTRAIT DU CATALOGUE

LECOMTE. — Études d'histoire militaire, antiquité et moyen âge. 1 vol. in-8° . . . . 5 fr.

LECOMTE. — Études d'histoire militaire, temps modernes jusqu'à la fin du règne de Louis XIV. 1 vol. in-8°. . . . . . 5 fr.

LECOMTE. — Guerre de la Prusse et de l'Italie contre l'Autriche et la Confédération germanique en 1866; relation historique et critique. 2 vol. grand in-8° avec cartes et plans. . 20 fr.

LECOMTE. — Guerre de la sécession; Esquisse des événements militaires et politiques des États-Unis, de 1861 à 1865. 3 vol. grand in-8° avec cartes. . . . . 15 fr.

LECOMTE. — Le général Jomini, sa vie et ses écrits. Esquisse biographique et stratégique. 1 vol. in-8° avec carte. 7 fr. 50

LIBIOULLE. — Le revolver Galand, nouveau système à percussion centrale et extracteur automatique. Br. in-8° avec fig. 1 fr.

LULLIER. — La vérité sur la campagne de Bohême en 1866, ou les quatre grandes fautes militaires des Prussiens. Br. in-8°. 1 fr.

MANGEOT. — Traité du fusil de chasse et des armes de précision, nouvelle édition. 1 vol. in-8° avec figures dans le texte. et planches . . . . 5 fr.

MARNIER. — Souvenirs de guerre en temps de paix : 1793, 1806, 1823, 1862, récits historiques et anecdotiques extraits de ses Mémoires inédits. 1 vol. in-8°. . . . . 3 fr.

MOSCHELL. — De l'effet du tir à la guerre et de ses causes perturbatrices. Br. in-8°. . . . . 1 fr.

ODIARDI. — Des nouvelles armes à feu portatives adoptées ou à l'étude dans l'armée italienne. Br. in-8° avec planche. . 2 fr.

ODIARDI. — Des balles explosibles et incendiaires. Br. in-8. avec planche. . . . . 2 fr.

PIRON. — Manuel théorique du mineur; nouvelle théorie des mines, précédée d'un exposé critique de la méthode en usage pour calculer la charge et les effets des fourneaux, et d'une étude sur la poudre de guerre. 1 vol. grand in-8° avec pl. 12 fr.

PIRON. — Essai sur la défense des eaux et sur la construction des barrages. 1 vol. grand in-8° avec planches. . . . 6 fr.

PLOENNIES (DE). — Le fusil à aiguille, notes et observations critiques sur l'arme à feu se chargeant par la culasse, traduit de l'allemand par E. Heydt. Br. in-8° avec planche. . . . 3 fr.

QUESTIONS de stratégie et d'organisation militaire relative aux événements de la guerre de Bohême, par un officier général (Jomini). Br. in-8°. . . . . 1 fr.

SCHMIDT. — Le développement des armes à feu et autres engins de guerre, depuis l'invention de la poudre à tirer jusqu'aux temps modernes. 1 vol. in-8°, avec 107 planches. . . 10 fr.

SCHOTT. — Des forts détachés, traduit de l'allemand par Bacharach. Br. in-8° avec planche . . . . 2 fr.

SCHULTZE. — La nouvelle poudre à canon, dite poudre Schultze, et ses avantages sur la poudre à canon ordinaire et autres produits analogues. Traduit de l'allemand par W. Reymond. Brochure in-8°. . . . . 2 fr.

TACKELS. — Étude sur le pistolet au point de vue de l'armement des officiers. Br. in-8° avec figures . . . . 1 fr. 50

TACKELS. — Conférences sur le tir, et projets divers relatifs au nouvel armement. 1 vol. in-8° avec planches . . . 5 fr.

TACKELS. — Étude sur les armes à feu portatives, les projectiles et les armes se chargeant par la culasse. 1 vol. in-8° avec pl. 6 fr.

TACKELS. — Les fusils Chassepot et Albini, adoptés respectivement en France et en Belgique. Br. in-8° avec planches. 2 fr.

TACKELS. — Armes de guerre; Étude pratique sur les armes se chargeant par la culasse; les mitrailleuses et leurs munitions; le canon Montigny-Eberhaerd; le fusil Montigny; les fusils Charrin, Remington, Jenks, Cochran, Howard, Peabody, Dreyse, Chassepot, Snider, Terssen, Albini; les cartouches périphériques, etc., etc. 1 vol. in-8° avec planches. . . . . . 8 fr.

TACKELS. — La carabine Tackels-Gerard, nouveau système de culasse mobile, dite à bloc, à percussion centrale pour armes de guerre. Br. in-8° . . . . 50 c.

TACKELS. — Le nouvel armement de la cavalerie depuis l'adoption de l'arme se chargeant par la culasse. 1 vol. in-8°, avec planches. . . . . 5 fr.

UNGER. — Histoire critique des exploits et vicissitudes de la cavalerie pendant les guerres de la Révolution et de l'Empire jusqu'à l'armistice du 4 juin 1813, d'après l'allemand. 2 volumes in-8° . . . . 12 fr.

VANDEVELDE. — La tactique appliquée au terrain. 1 vol. in-8° avec atlas . . . . 7 fr. 50

VANDEVELDE. — Manuel de reconnaissances, d'art et de sciences militaires, ou Aide-mémoire pour servir à l'officier en campagne. 1 vol. in-18 avec planches . . . . 5 fr.

VANDEVELDE. — Précis historique et critique de la campagne d'Italie en 1859. 1 vol. in-8° avec cartes et plans. . . 12 fr.

VANDEVELDE. — La guerre de 1866 en Allemagne et en Italie. 1 vol. in-8° avec cartes . . . . 6 fr.

VANDEVELDE. — Commentaire sur la tactique à propos du *Mémoire militaire* par le prince Frédéric-Charles de Prusse. Br. in-8º . . . . **2 fr.**

VARNHAGEN VON ENSE. — Vie de Seydlitz, traduit de l'allemand par Savin de Larclause. 1 vol. in-8º avec portrait et plans. **5 fr.**

VERTRAY. — Album de l'expédition française en Italie en 1849, contenant 14 dessins, 4 cartes topographiques indiquant les opérations militaires, avec un texte explicatif. 1 vol. grand in-folio. . . . . **10 fr.**

WAUWERMANS. — Mines militaires. Études sur la science du mineur et les effets dynamiques de la poudre (application de la thermodynamique). 1 vol. in-8º avec planches . . . **7 fr. 50**

WAUWERMANS. — Applications nouvelles de la science et de l'industrie à l'art de la guerre. — Télégraphie militaire. — Aérostation. — Éclairage de guerre. — Inflammation des mines. 1 vol. in-8º avec figures. . . . . **4 fr.**

NOUVELLES PUBLICATIONS

BAYLE. — L'électricité appliquée à l'art de la guerre. Br. grand in-8º avec planches. . . . . **3 fr.**

BODY. — Aide-Mémoire portatif de campagne pour l'emploi des chemins de fer en temps de guerre, d'après les derniers événements et les documents les plus récents. 1 vol. in-18 avec planches . . . . **4 fr.**

FIX. — Guide de l'officier et du sous-officier aux avant-postes, d'après les meilleurs auteurs. 1 vol. in-18 . . . . . **2 fr 50**

ODIARDI. — Les armes à feu portatives rayées de petit calibre. 1 vol. in-8º avec planches . . . . **3 fr.**

PEIN. — Lettres familières sur l'Algérie, un petit royaume arabe. 1 vol. in-12. . . . . **3 fr.**

POULAIN. — Lettres sur l'artillerie moderne, canon de 7 et gargousse obturatrice, le bronze et l'acier, mitrailleuse française. Br. in-8º . . . . **1 fr.**

SUZANNE. — Des causes de nos désastres; la proscription des armes et le monopole de l'artillerie. Br. grand in-8 . . **2 fr**

Paris, Imp. H. Carion, rue Bonaparte, 64.

www.ingramcontent.com/pod-product-compliance
Lightning Source LLC
Chambersburg PA
CBHW060818280326
41934CB00010B/2735